škola - escuela	2
putovanje - viaje	5
transport - transporte	8
grad - ciudad	10
pejsaž - paisaje	14
restoran - restaurante	17
supermarket - supermercado	20
napitci - bebidas	22
jelo - comida	23
seosko gazdinstvo - granja	27
kuća - casa	31
dnevna soba - sala	33
kuhinja - cocina	35
kupaonica - cuarto de baño	38
dečija soba - habitación de los niños	42
odeća - ropa	44
kancelarija - oficina	49
ekonomija - economía	51
zanimanja - oficios	53
alati - herramientas	56
muzički instrument - instrumentos musicales	57
zoološki vrt - zoo	59
sport - deportes	62
aktivnosti - actividades	63
porodica - familia	67
telo - cuerpo	68
bolnica - hospital	72
hitni slučaj - urgencia	76
zemlja - tierra	77
sat - hora(s)	79
sedmica - semana	80
godina - año	81
oblici - formas	83
boje - colores	84
suprotnosti - opuestos	85
brojevi - números	88
jezici - idiomas	90
ko / šta / kako - quién / qué / cómo	91
gde - dónde	92

Impressum
Verlag: BABADADA GmbH, Nedderfeld 112 , 22529 Hamburg
Geschäftsführer / Verlagsleitung: Harald Hof
Druck: Books on Demand GmbH, In de Tarpen 42, 22848 Norderstedt

Imprint
Publisher: BABADADA GmbH, Nedderfeld 112 , 22529 Hamburg, Germany
Managing Director / Publishing direction: Harald Hof
Print: Books on Demand GmbH, In de Tarpen 42, 22848 Norderstedt, Germany

škola
escuela

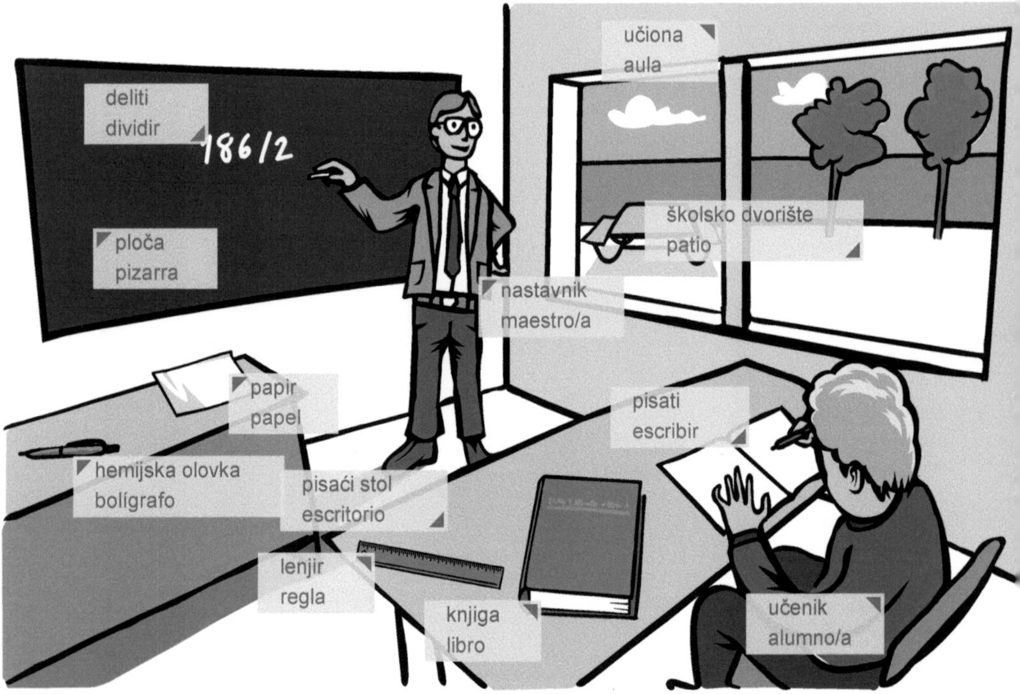

deliti
dividir
186/2
ploča
pizarra
učiona
aula
školsko dvorište
patio
nastavnik
maestro/a
papir
papel
pisati
escribir
hemijska olovka
bolígrafo
pisaći stol
escritorio
lenjir
regla
knjiga
libro
učenik
alumno/a

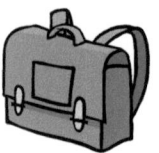

torba

cartera

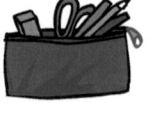

pernica

caja de lápices

grafitna olovka

lápiz

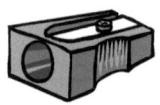

šiljilo za olovke

sacapuntas

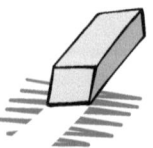

gumica za brisanje

goma de borrar

blok za crtanje

cuaderno de dibujo

crtež

dibujo

kist

pincel

kutija sa bojama

caja de pinturas

makaze

tijeras

lepilo

pegamento

beležnica

cuaderno de ejercicios

domaći zadatak

deberes

broj

número

2+2

sabirati

sumar

5-2

oduzimati

restar

2×2

množiti

multiplicar

računati

calcular

slovo

letra

ABCDEFG
HIJKLMN
OPQRSTU
VWXYZ

abeceda

alfabeto

reč

palabra

tekst

texto

čitati

leer

kreda

tiza

čas

lección

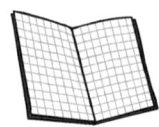

dnevnik

cuaderno de notas

ispit

examen

svedočanstvo

certificado

školska uniforma

uniforme escolar

obrazovanje

educación

leksikon

enciclopedia

univerzitet

universidad

mikroskop

microscopio

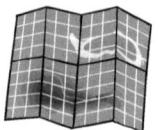

karta

mapa

košara za papir

papelera

škola - escuela

hotel
hotel

Grand

prenoćište
albergue

ROOMS

menjačnica
oficina de cambio de divisas

EXCHANGE

D

kofer
maleta

auto
coche

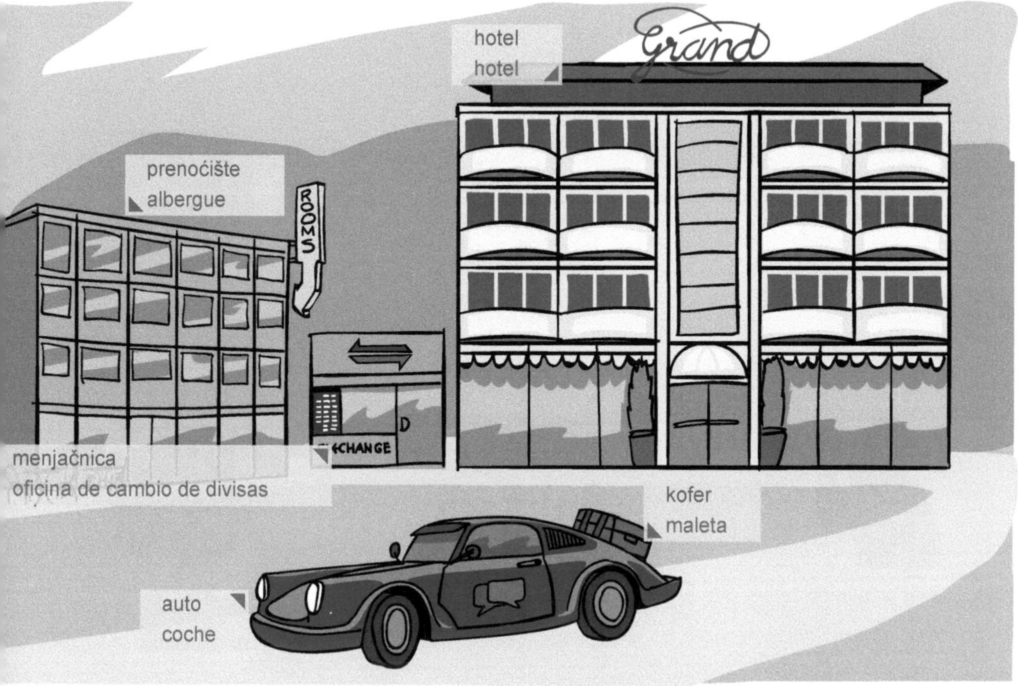

jezik

idioma

da / ne

sí / no

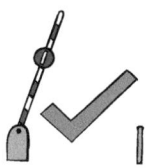

okej

Vale

zdravo

hola

prevodilac

traductor

hvala

Gracias

Koliko košta...?

¿cuánto es...?

ne razumem

No entiendo

problem

problema

dobro veče!

¡Buenas tardes!

Dobro jutro!

¡Buenos días!

Laku noć!

¡Buenas noches!

doviđenja

adiós

smer

dirección

prtljaga

equipaje

torba

bolsa

ruksak

mochila

gost

invitado

soba

habitación

vreća za spavanje

saco de dormir

šator

tienda de campaña

turističke informacije

información turística

plaža

playa

kreditna kartica

tarjeta de crédito

doručak

desayuno

ručak

almuerzo

večera

cena

karta za vožnju

billete

lift

ascensor

poštanska markica

sello

granica

frontera

carina

aduana

ambasada

embajada

viza

visa

pasoš

pasaporte

transport
transporte

avion
avión

brod
barco

vatrogasno vozilo
coche de bomberos

autobus
autobús

teretno vozilo
camión

motorni čamac
lancha a motor

bicikl
bicicleta

auto
coche

trajekt
transbordador

čamac
barca

motocikl
moto

policijski auto
coche de policía

trkaći auto
coche de carreras

iznajmljeno auto
coche de alquiler

delenje automobila

préstamo de vehículos

vučno vozilo

grúa

vozilo za odvoz smeća

camión de la basura

motor

motor

benzin

gasolina

benzinska stanica

gasolinera

saobraćajni znak

señal de tráfico

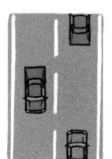

saobraćaj

tráfico

zastoj

atasco

parkiralište

aparcamiento

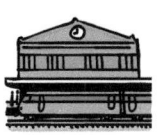

železnička stanica

estación de tren

šine

vías

voz

tren

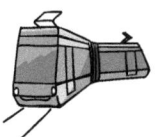

tramvaj

tranvía

vagon

vagón

helikopter

helicóptero

aerodrom

aeropuerto

kula

torre

putnik

pasajero

kontejner

contenedor

karton

caja de cartón

kolica

carretilla

korpa

cesta

uzleteti / sleteti

despegar / aterrizar

grad
ciudad

selo

pueblo

centar grada

centro de ciudad

kuća

casa

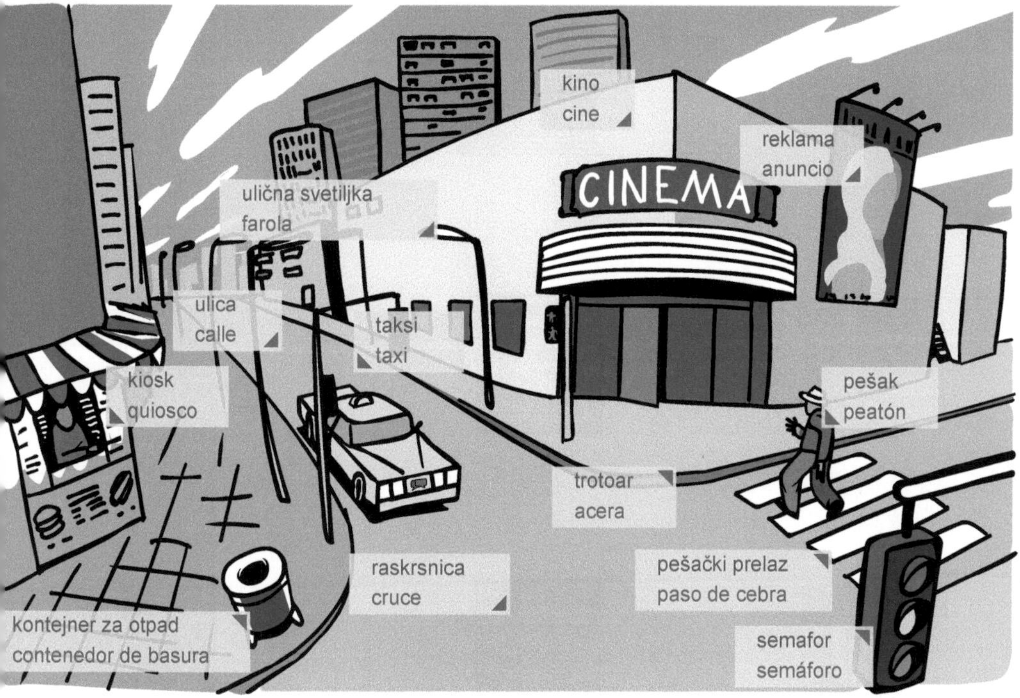

kino
cine

reklama
anuncio

ulična svetiljka
farola

ulica
calle

taksi
taxi

kiosk
quiosco

pešak
peatón

trotoar
acera

raskrsnica
cruce

pešački prelaz
paso de cebra

kontejner za otpad
contenedor de basura

semafor
semáforo

koliba
....
cabaña

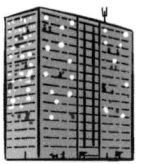

stan
....
apartamento

železnička stanica
....
estación de tren

većnica
....
ayuntamiento

muzej
....
museo

škola
....
escuela

grad - ciudad

univerzitet

universidad

banka

banco

bolnica

hospital

hotel

hotel

apoteka

farmacia

kancelarija

oficina

knjižara

librería

prodavnica

tienda

cvećara

floristería

supermarket

supermercado

trg

mercado

robna kuća

grandes almacenes

ribarnica

pescadería

trgovački centar

centro comercial

luka

puerto

park
parque

klupa
banco

most
puente

stepenice
escaleras

podzemna željeznica
metro

tunel
túnel

autobuska stanica
parada de autobús

bar
bar

restoran
restaurante

poštansko sanduče
buzón

ulični znak
poste indicador

parkirni automat
parquímetro

zoološki vrt
zoo

bazen
piscina

džamija
mezquita

seosko gazdinstvo
granja

zagađenje okoline
contaminación

groblje
cementerio

crkva
iglesia

igralište
patio de juego

hram
templo

pejsaž
paisaje

list / hoja

putokaz / señal

put / camino

livada / prado

kamen / piedra

drvo / árbol

šetač / excursionista

reka / río

trava / hierba

cvijet / flor

dolina
valle

planina
colina

jezero
lago

šuma
bosque

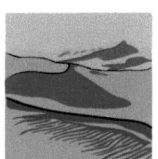

pustinja
desierto

vulkan
volcán

dvorac
castillo

duga
arcoíris

gljiva
champiñón

palma
palmera

moskito
mosquito

muva
mosca

mrav
hormiga

pčela
abeja

pauk
araña

buba
escarabajo

žaba
rana

veverica
ardilla

jež
erizo

zec
liebre

sova
lechuza

ptica
pájaro

labud
cisne

divlja svinja
jabalí

jelen
ciervo

los
alce

nasip
presa

vetrenjača
turbina eólica

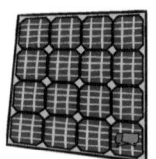

solarna ploča
panel solar

klima
clima

restoran
restaurante

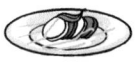

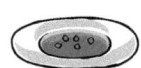

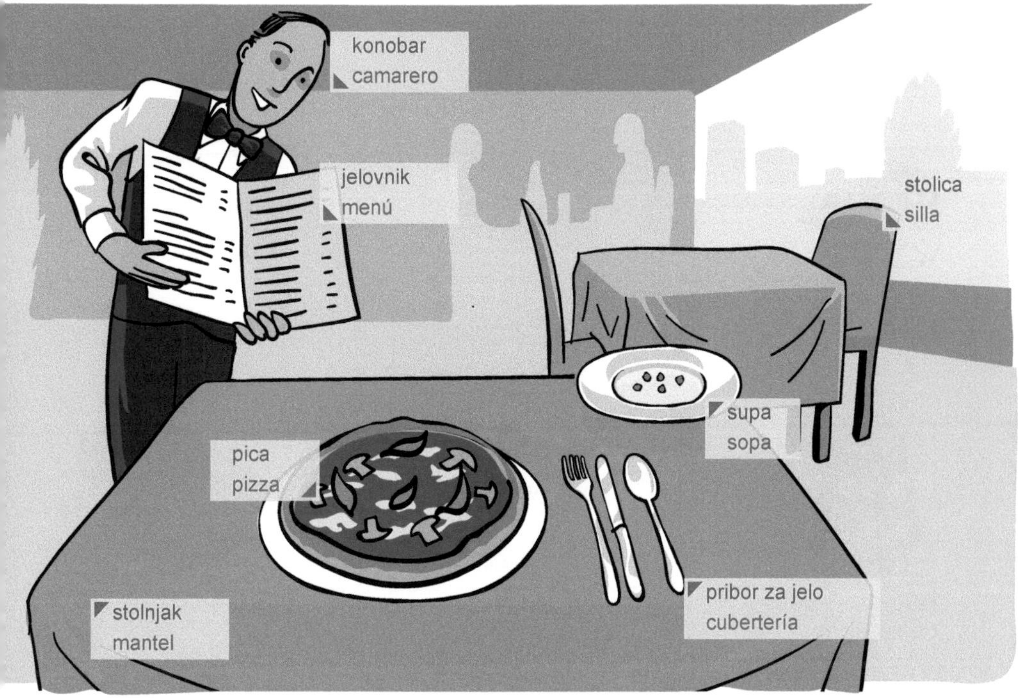
konobar
camarero
jelovnik
menú
stolica
silla
supa
sopa
pica
pizza
stolnjak
mantel
pribor za jelo
cubertería

predjelo

primer plato

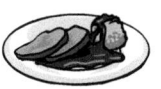

glavno jelo

plato principal

desert

postre

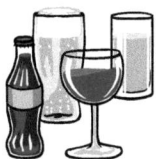

napitci

bebidas

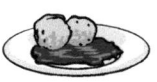

jelo

comida

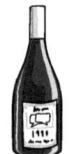

flaša

botella

brza hrana

comida rápida

imbis hrana

comida callejera

čajnik

tetera

doza za šećer

azucarero

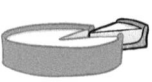

porcija

porción

aparat za espresso

cafetera expreso

visoka stolica

trona

račun

cuenta

poslužavnik

bandeja

nož

cuchillo

viljuška

tenedor

kašika

cuchara

čajna kašika

cucharilla

salveta

servilleta

čaša

vaso

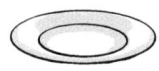

tanjir
plato

tanjir za supu
plato hondo

tanjirić
platillo

sos
salsa

soljenka
salero

mlin za biber
molinillo de pimienta

sirće
vinagre

ulje
aceite

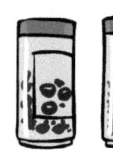

začini
especias

kečap
ketchup

senf
mostaza

majoneza
mayonesa

supermarket
supermercado

ponuda
oferta especial
FOR
kupac
cliente
mlečni proizvodi
lácteos
voće
fruta
kolica za kupovinu
carro de la compra

BUTCHERS

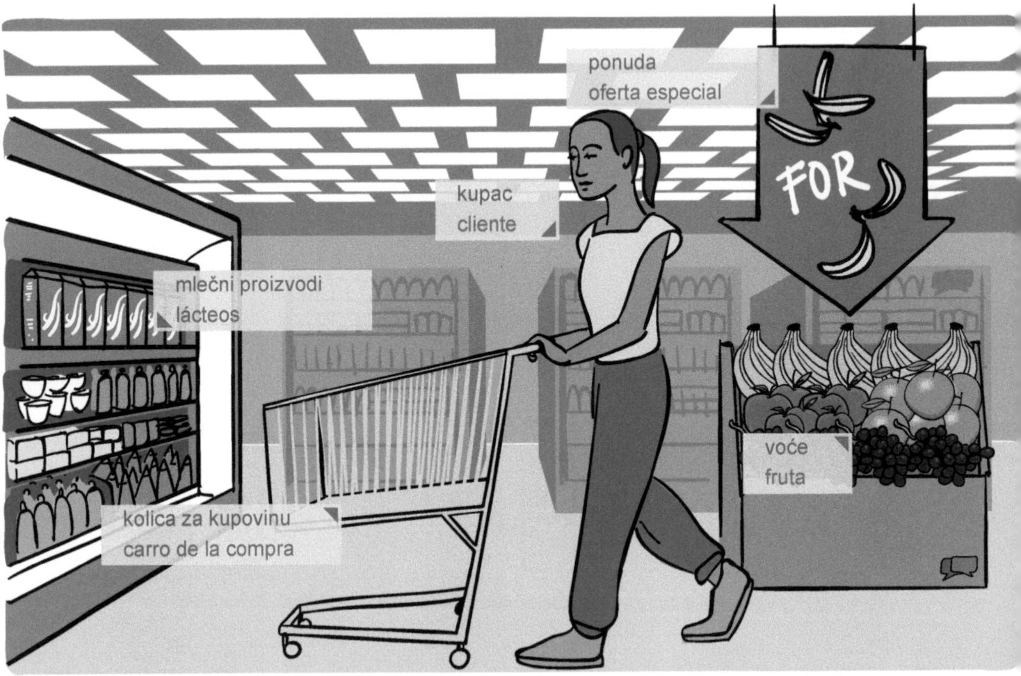

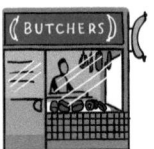

mesnica

carnicería

BAKERY

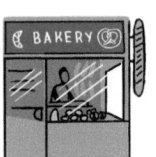

pekara

panadería

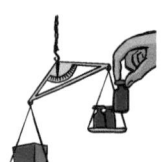

vagati

pesar

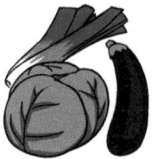

povrće

verduras

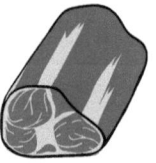

meso

carne

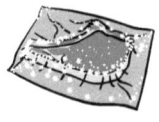

smrznuta hrana

alimentos congelados

narezak
fiambres

konzerve
conservas

sredstvo za pranje
detergente en polvo

slatkiši
dulces

artikli za domaćinstvo
productos de uso doméstico

sredstva za čišćenje
productos de limpieza

prodavačica
vendedora

blagajna
caja

blagajnik
cajero

lista za kupovinu
lista de la compra

vreme rada
horario de atención al público

novčanik
cartera

kreditna kartica
tarjeta de crédito

torba
bolsa

plastična kesa
bolsa de plástico

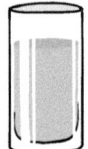

voda

agua

sok

zumo

mleko

leche

kola

cola

vino

vino

pivo

cerveza

alkohol

alcohol

kakao

cacao

čaj

té

kava

café

espresso

expreso

cappuccino

capuchino

banana

plátano

jabuka

manzana

narandža

naranja

lubenica

melón

limun

limón

šargarepa

zanahoria

beli luk

ajo

bambus

bambú

luk

cebolla

gljiva

champiñón

orašasti plodovi

avellanas

rezanci

fideos

špagete	riža	salata
espagueti	arroz	ensalada

pomfrit	pečeni krumpir	pica
patatas fritas	patatas fritas	pizza

hamburger	sendvič	šnicla
hamburguesa	sándwich	filete

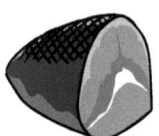

šunka	salama	kobasica
jamón	salami	salchicha

kokoš	pečenje	riba
pollo	asado	pescado

zobene pahuljice

copos de avena

musli

muesli

kukuruzne pahuljice

copos de maíz

brašno

harina

kroasan

cruasán

pecivo

panecillo

hleb

pan

toast

tostada

keksi

galletas

maslac

mantequilla

sveži sir

cuajada

kolač

pastel

jaje

huevo

jaje na oko

huevo frito

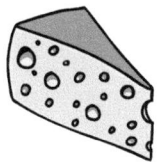

sir

queso

sladoled

helado

šećer

azúcar

med

miel

marmelada

mermelada

nugat krema

crema de turrón

kari

curry

seosko gazdinstvo
granja

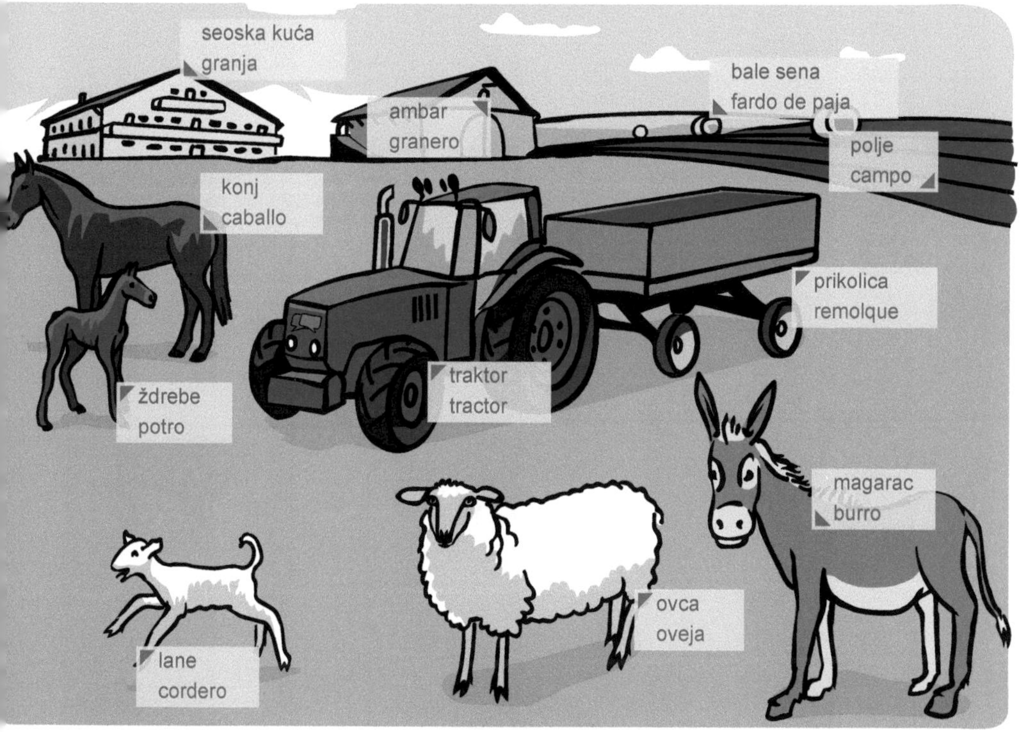
seoska kuća
granja
ambar
granero
bale sena
fardo de paja
polje
campo
konj
caballo
prikolica
remolque
traktor
tractor
ždrebe
potro
magarac
burro
ovca
oveja
lane
cordero

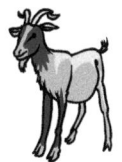

koza
cabra

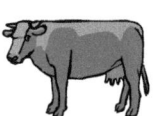

krava
vaca

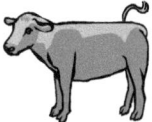

tele
ternero

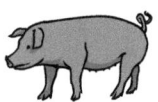

svinja
cerdo

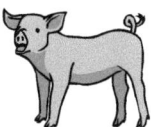

prase
cerdito

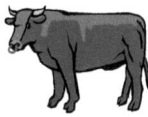

bik
toro

guska

ganso

patka

pato

pilići

pollo

kokoš

gallina

petao

gallo

pacov

rata

mačka

gato

miš

ratón

vol

buey

pas

perro

kućica za psa

perrera

vrtno crevo

manguera

kanta za polivanje

regadera

kosa

guadaña

plug

arado

srp

hoz

motika

azada

viljuška za đubrivo

horca

sekira

hacha

tačke

carretilla

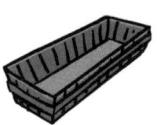

korito

abrevadero

posuda za mleko

lechera

vreća

saco

ograda

valla

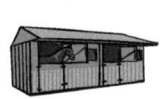

štala

establo

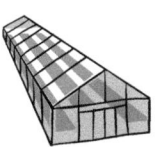

staklenik

invernadero

zemlja

suelo

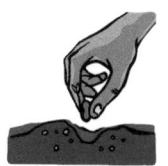

seme

semilla

đubrivo

fertilizador

kombajn

cosechadora

žeti

cosechar

žetva

cosecha

jams začin

ñame

pšenica

trigo

soja

soja

krumpir

patata

kukuruz

maíz

uljana repica

semilla de colza

voćka

árbol frutal

gomolj manioke

mandioca

žitarice

cereales

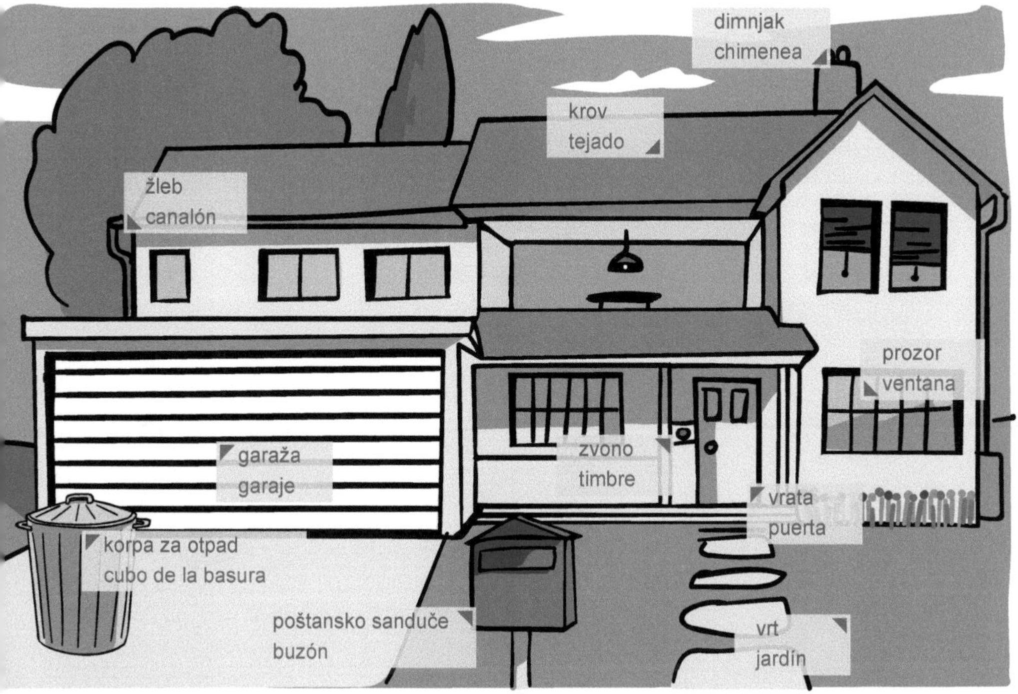

dimnjak
chimenea

krov
tejado

žleb
canalón

prozor
ventana

garaža
garaje

zvono
timbre

vrata
puerta

korpa za otpad
cubo de la basura

poštansko sanduče
buzón

vrt
jardín

dnevna soba
sala

kupaonica
cuarto de baño

kuhinja
cocina

spavaća soba
dormitorio

dečija soba
habitación de los niños

trpezarija
comedor

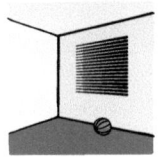

pod

suelo

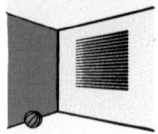

zid

pared

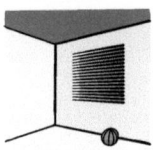

strop

techo

podrum

sótano

sauna

sauna

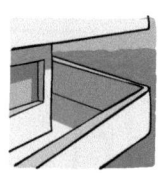

balkon

balcón

terasa

terraza

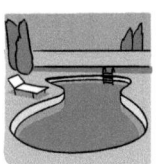

bazen

piscina

kosilica za travu

cortacésped

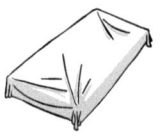

posteljina za krevet

sábana

deka za krevet

colcha

krevet

cama

metla

escoba

kanta

balde

prekidač

interruptor

dnevna soba

sala

tapeta
papel pintado
slika
imagen
svetiljka
lámpara
regal
estante
ormar
armario
televizija
televisión
kamin
chimenea
cvijet
flor
jastuk
cojín
kauč
sofá
vaza
jarrón
daljinski upravljač
mando a distancia

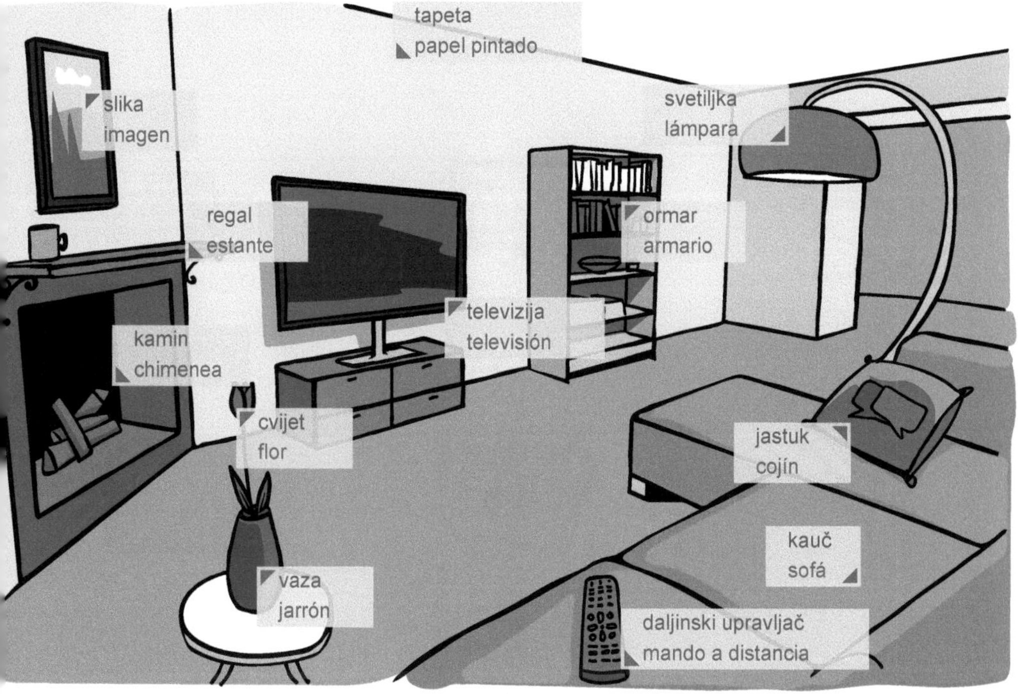

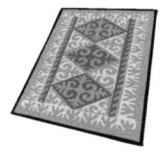

tepih

alfombra

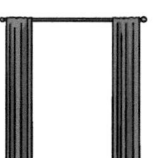

zavesa

cortina

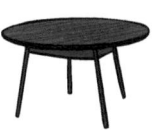

sto

mesa

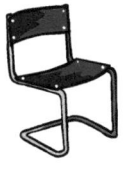

stolica

silla

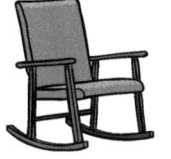

stolica za njihanje

mecedora

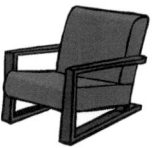

fotelja

butaca

knjiga
libro

deka
manta

dekoracija
decoración

drvo za ogrev
leña

film
película

hi-fi uređaj
equipo de música

ključ
llave

novine
periódico

slika na platnu
pintura

poster
póster

radio
radio

blok za pisanje
cuaderno

usisivač
aspiradora

kaktus
cactus

sveća
vela

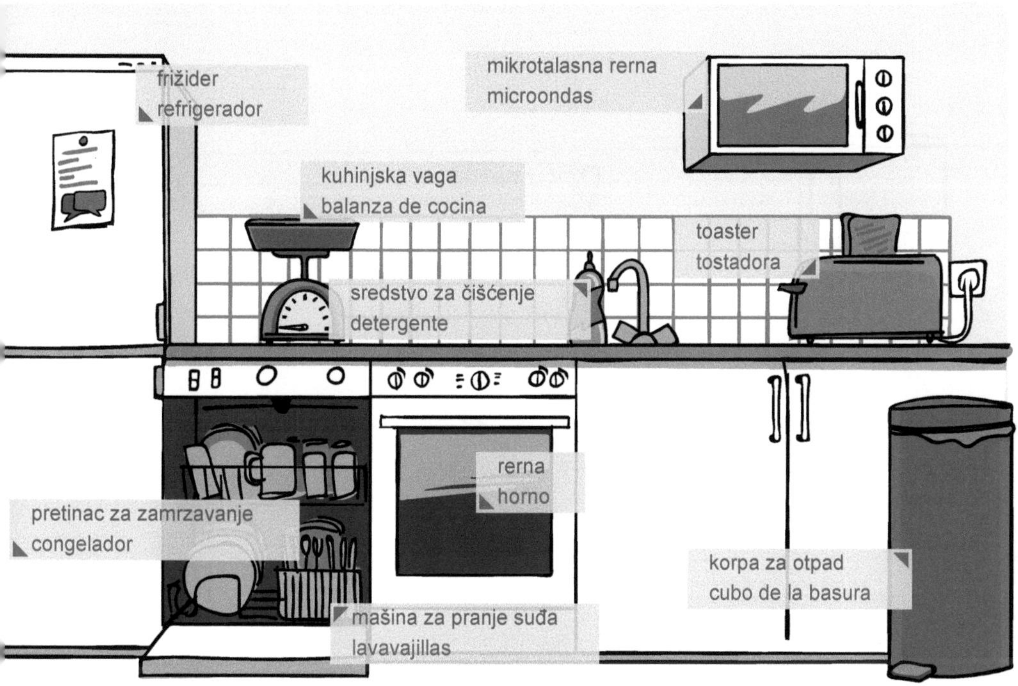

frižider
refrigerador

mikrotalasna rerna
microondas

kuhinjska vaga
balanza de cocina

toaster
tostadora

sredstvo za čišćenje
detergente

rerna
horno

pretinac za zamrzavanje
congelador

korpa za otpad
cubo de la basura

mašina za pranje suđa
lavavajillas

šporet
olla a presión

lonac
olla

gvozdeni lonac
olla de hierro fundido

wok / kadai
wok / karahi

tava
cazuela

kuvalo za vodu
hervidor

kuvalo na paru

vaporera

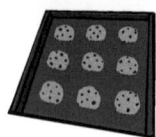

lim za pečenje

chapa de horno

posuđe

vajilla

čaša

taza

posuda

tazón

štapići za jelo

palillos

kutlača

cucharón

lopatica

espumadera

penjača

batidor

sito za kuvanje

colador

sito

cedazo

ribež

rallador

mužar

mortero

roštilj

barbacoa

ognjište

hoguera

daska

tabla de picar

oklagija

rodillo

vadičep

sacacorchos

konzerva

lata

otvarač konzervi

abrelatas

krpa za lonac

agarrador

sudoper

lavabo

četka

cepillo

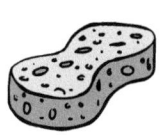

sunđer

esponja

mikser

batidora

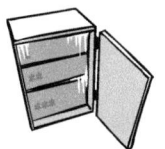

zamrzivač

congelador

flašica za bebe

biberón

slavina za vodu

grifo

kupaonica
cuarto de baño

grejanje
calefacción
tuš
ducha
peškir
toalla
zavesa za tuš
cortina de la ducha
penušava kupka
baño de espuma
kada
bañera
čaša
vaso
mašina za pranje veša
lavadora
slavina za vodu
grifo
pločice
baldosas
tuta
orinal
sudoper
lavabo

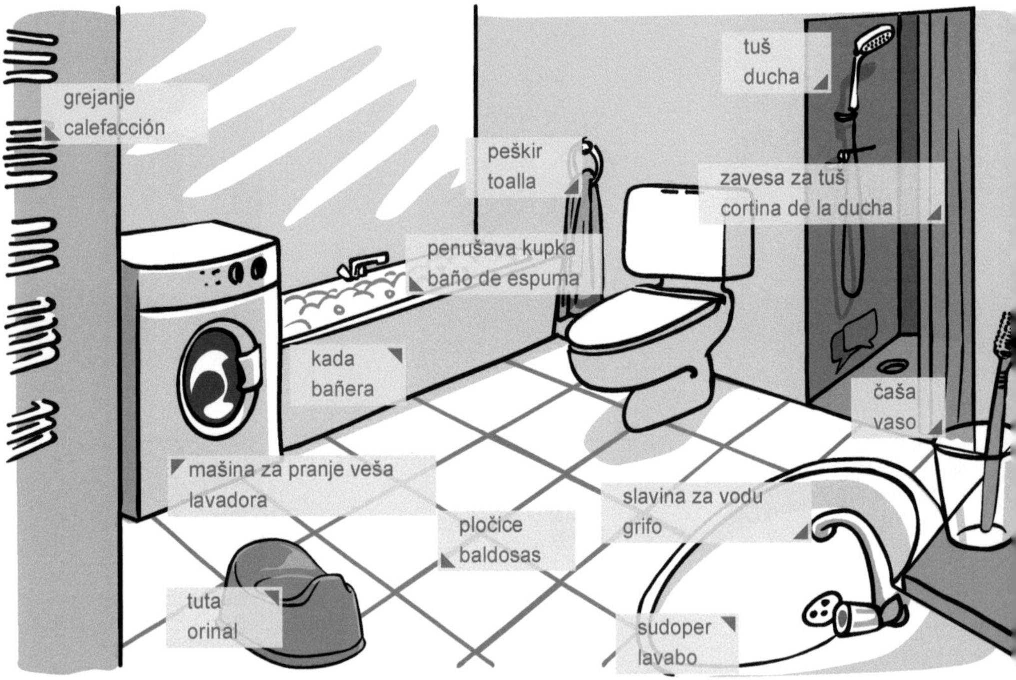

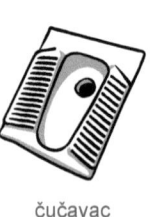

toalet
inodoro

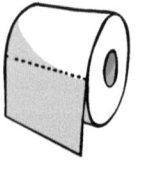

čučavac
inodoro rústico

bidet
bidé

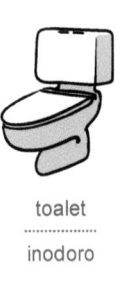

pisoar
urinario

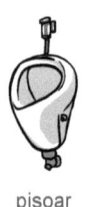

toaletni papir
papel higiénico

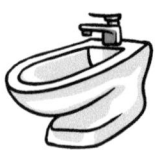

četka za toalet
escobilla del váter

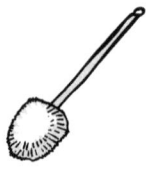

četkica za zube

cepillo de dientes

pasta za zube

pasta de dientes

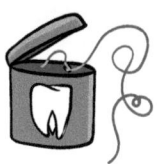

konac za zube

hilo dental

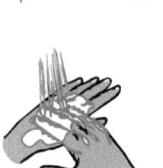

prati

lavar

tuš ručica

ducha de mano

tuš za pranje intimnih delova

ducha íntima

lavor

pila

četka za pranje leđa

cepillo de espalda

sapun

jabón

gel za tuširanje

gel de ducha

šampon

champú

krpa za pranje

toallita

odvod

desagüe

krema

crema

dezodorans

desodorante

ogledalo

espejo

kozmetičko ogledalo

espejo de tocador

brijač

maquinilla de afeitar

pena za brijanje

espuma de afeitar

losion za posle brijanja

loción postafeitado

češalj

peine

četka

cepillo

fen za kosu

secador

sprej za kosu

laca

makeup

maquillaje

ruž za usne

pintalabios

lak za nokte

pintauñas

vata

algodón

makaze za nokte

cortauñas

parfem

perfume

kozmetička torbica

estuche de viaje

stolica

banqueta

vaga

balanza

ogrtač

albornoz

rukavice za čišćenje

guantes de goma

tampon

tampón

uložak

compresa

hemijski toalet

inodoro químico

dečija soba
habitación de los niños

budilnik
despertador
plišana igračka
peluche
auto igračka
coche de juguete
zvečka
sonajero
kućica za lutke
casa de muñecas
poklon
regalo

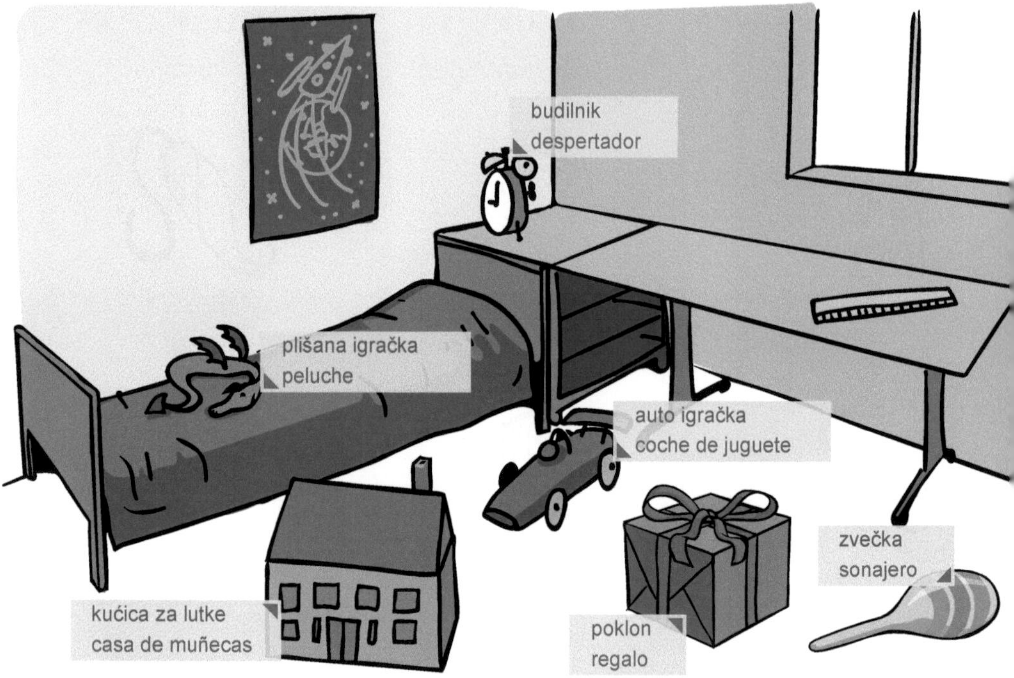

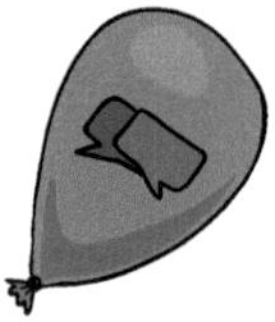

balon
globo

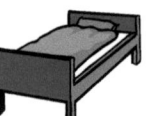

krevet
cama

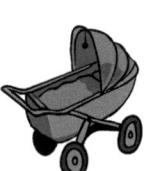

dječija kolica
coche de niño

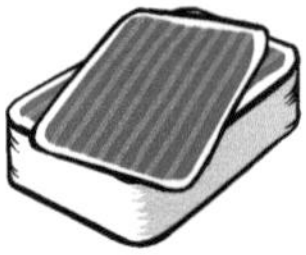

igra s kartama
naipes

slagalica
puzle

SUPER
MEGA

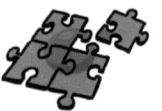

strip
tebeo

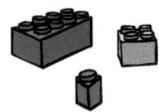

lego kockice

piezas de lego

kockice za slaganje

bloques de juguete

akcioni junak

figura de acción

benkica za bebe

bodi (de bebé)

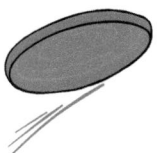

frizbi

frisbee

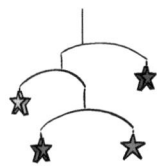

viseće igračke

colgador móvil para bebés

društvene igre

juego de mesa

kocka

dados

minijaturna željeznica

circuito de tren eléctrico

duda

maniquí

zabava

fiesta

slikovnica

álbum de fotos

lopta

pelota

lutka

muñeca

igrati

jugar

pješčanik

cajón de arena

ljuljačka

columpio

igračka

juguetes

konzola za igre

videoconsola

tricikl

triciclo

tedi

oso de peluche

ormar

guardarropa

odeća

ropa

kratke čarape

calcetines

čarape

medias

hulahopke

leotardos

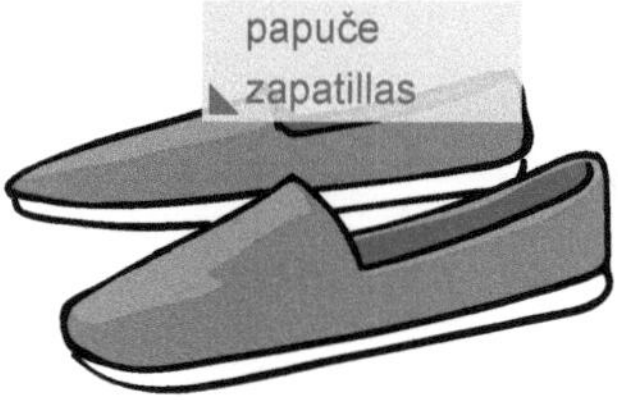

šal
bufanda

kišobran
paraguas

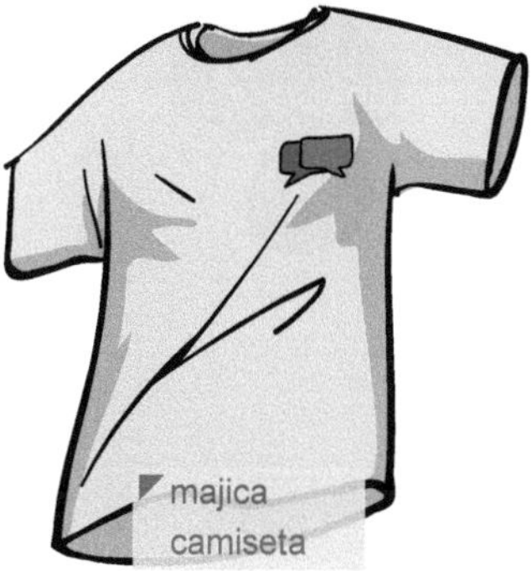

majica
camiseta

kaiš
cinturón

čizme
botas

papuče
zapatillas

patike
deportivas

sandale
....
sandalias

cipele
....
zapatos

gumene čizme
....
botas de goma

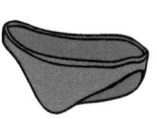
gaćice
....
slip

grudnjak
....
sostén

potkošulja
....
chaleco

odeća - ropa

bodi
bodi

pantalone
pantalones

farmerke
vaqueros

suknja
falda

bluza
blusa

košulja
camisa

džemper
jersey

džemper s kapuljačom
suéter

sako
blazer

jakna
chaqueta

kaput
abrigo

kabanica
gabardina

kostim
traje

haljina
vestido

venčanica
vestido de novia

odeća - ropa

odelo
traje

spavaćica
camisón

pidžama
pijama

sari
sari

marama za glavu
bandana

turban
turbante

burka
burka

kaftan
caftán

abaja
abaya

kupaći kostim
traje de baño

kupaće gaćice
bañador

kratke pantalone
pantalones cortos

odeća za trening
chándal

kecelja
delantal

rukavice
guantes

dugme

botón

naočare

gafas

narukvica

brazalete

ogrlica

collar

prsten

anillo

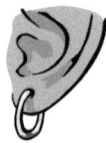

naušnica

pendiente

kapa

gorra

vešalica

percha

šešir

sombrero

kravata

corbata

patent zatvarač

cremallera

kaciga

casco

naramenice

tirantes

školska uniforma

uniforme escolar

uniforma

uniforme

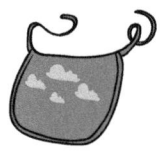

podbradak

babero

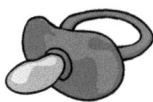

duda

maniquí

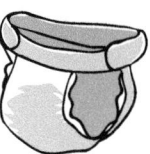

pelena

pañal

kancelarija
oficina

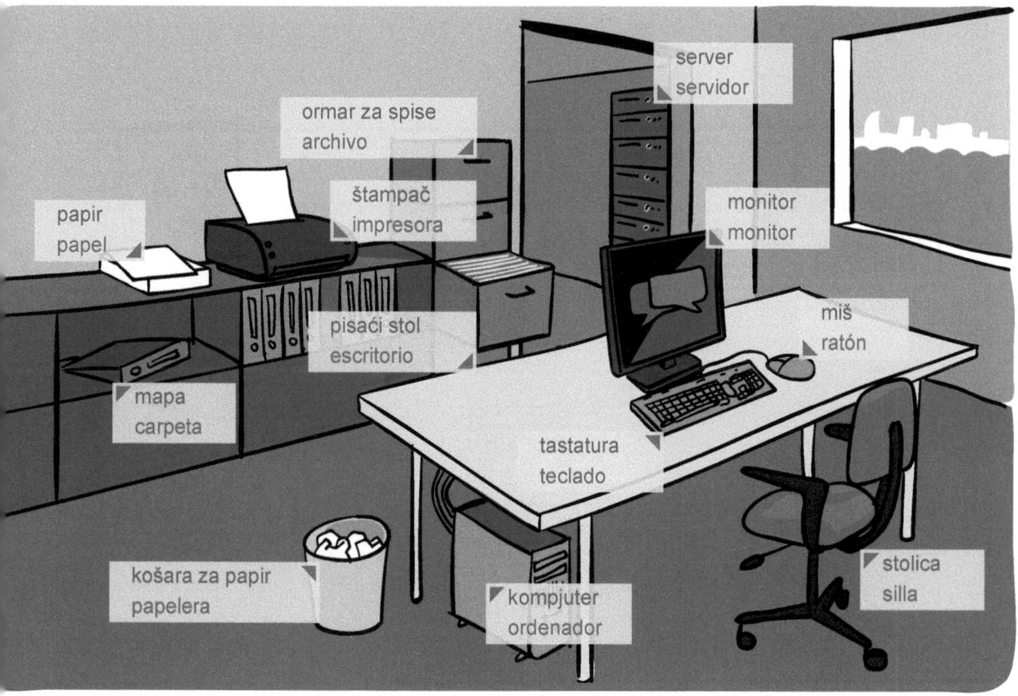

server
servidor
ormar za spise
archivo
papir
papel
štampač
impresora
monitor
monitor
pisaći stol
escritorio
miš
ratón
mapa
carpeta
tastatura
teclado
stolica
silla
košara za papir
papelera
kompjuter
ordenador

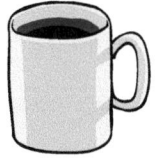

šalica za kavu

taza de café

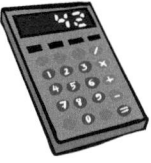

kalkulator

calculadora

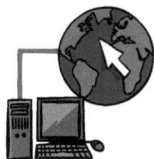

internet

internet

laptop

portátil

pismo

carta

poruka

mensaje

mobilni telefon

móvil

mreža

red

uređaj za kopiranje

fotocopiadora

softver

software

telefon

teléfono

utičnica

toma de corriente

faks

fax

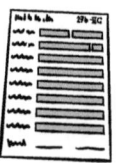

formular

formulario

dokument

documento

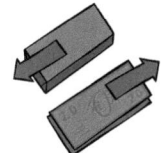

kupovati

comprar

platiti

pagar

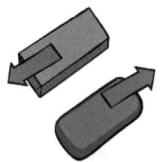

trgovati

comerciar

novac

dinero

dolar

dólar

evro

euro

jen

yen

rublja

rublo

švajcarski franak

franco suizo

renmindbi juan

renminbi yuan

rupija

rupia

automat za novac

cajero automático

menjačnica

oficina de cambio de divisas

zlato

oro

srebro

plata

nafta

petróleo

energija

energía

cena

precio

ugovor

contrato

porez

impuesto

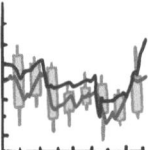

deonica

acción

raditi

trabajar

službenik

empleado

poslodavac

empleador

fabrika

fábrica

prodavnica

tienda

zanimanja
oficios

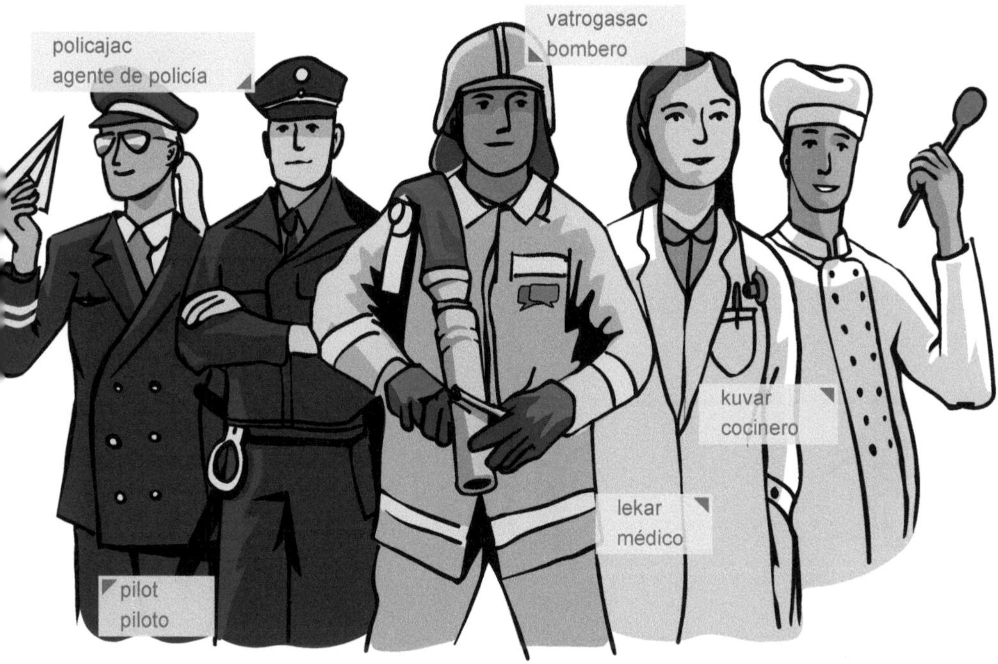
policajac
agente de policía
vatrogasac
bombero
kuvar
cocinero
lekar
médico
pilot
piloto

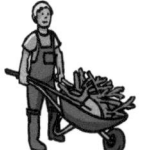

vrtlar

jardinero

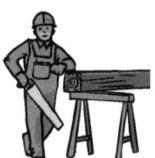

stolar

carpintero

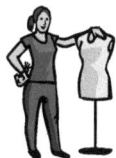

krojačica

costurera

sudija

juez

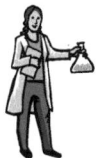

hemičar

farmacéutico

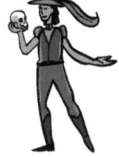

glumac

actor

vozač autobusa

conductor de autobús

vozač taksija

taxista

ribar

pescador

čistačica

señora de la limpieza

krovopokrivač

techador

konobar

camarero

lovac

cazador

slikar

pintor

pekar

panadero

električar

electricista

građevinski radnik

obrero

inženjer

ingeniero

mesar

carnicero

limar

fontanero

poštar

cartero

vojnik

soldado

arhitekta

arquitecto

blagajnik

cajero

cvećar

florista

frizer

peluquero

kondukter

revisor

mehaničar

mecánico

kapetan

capitán

zubar

dentista

naučnik

científico

rabi

rabino

imam

imán

monah

monje

svećenik

sacerdote

alati
herramientas

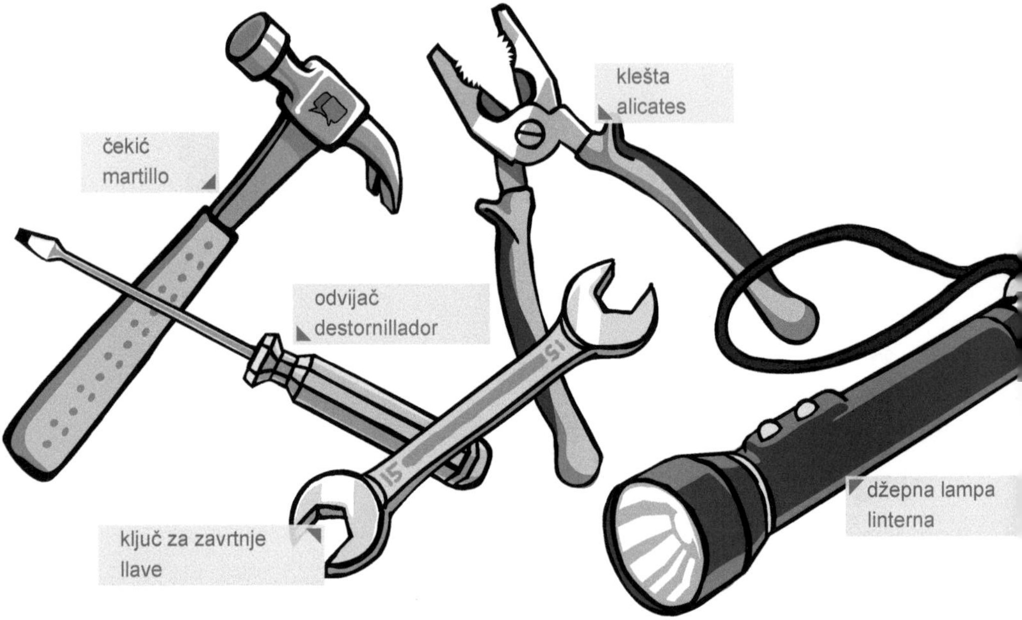

klešta
alicates
čekić
martillo
odvijač
destornillador
ključ za zavrtnje
llave
džepna lampa
linterna

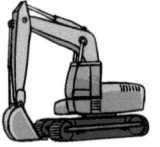

bager
excavadora

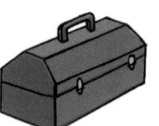

kutija za alat
caja de herramientas

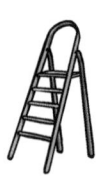

merdevine
escalera de mano

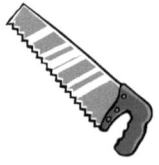

pila
sierra

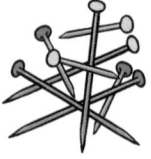

ekser
clavos

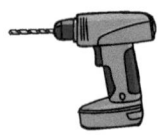

bušilica
taladro

popraviti

reparar

lopata

pala

do đavola!

¡Maldita sea!

lopatica

recogedor

lonac za boju

bote de pintura

zavrtanji

tornillos

muzički instrument
instrumentos musicales

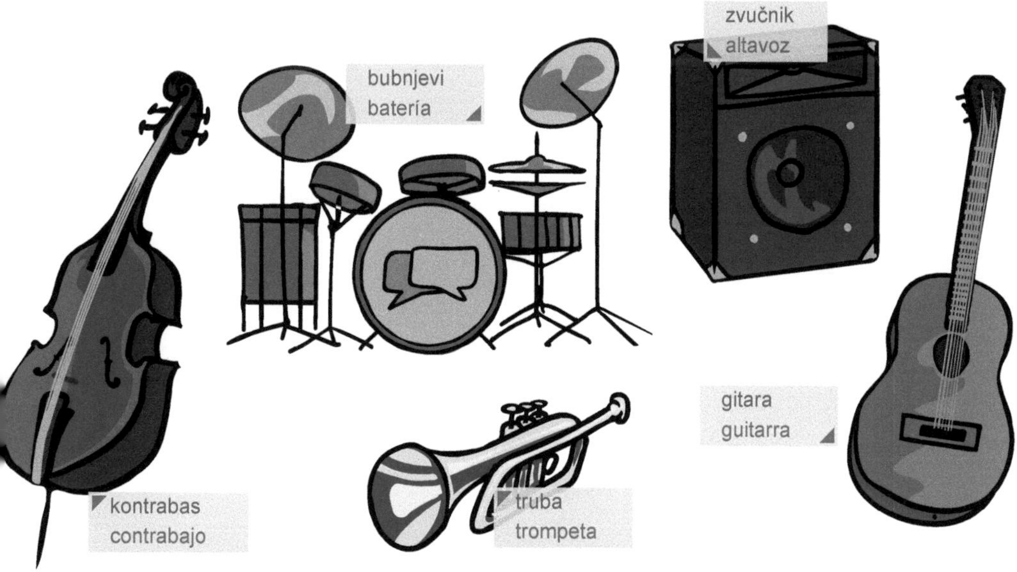

zvučnik
altavoz

bubnjevi
baterija

kontrabas
contrabajo

truba
trompeta

gitara
guitarra

klavir
piano

violina
violín

bas
bajo

timpani
timbales

udaraljke za bubnjeve
tambor

tipke klavira
teclado

saksofon
saxofón

flauta
flauta

mikrofon
micrófono

muzički instrument - instrumentos musicales

zoološki vrt

zoo

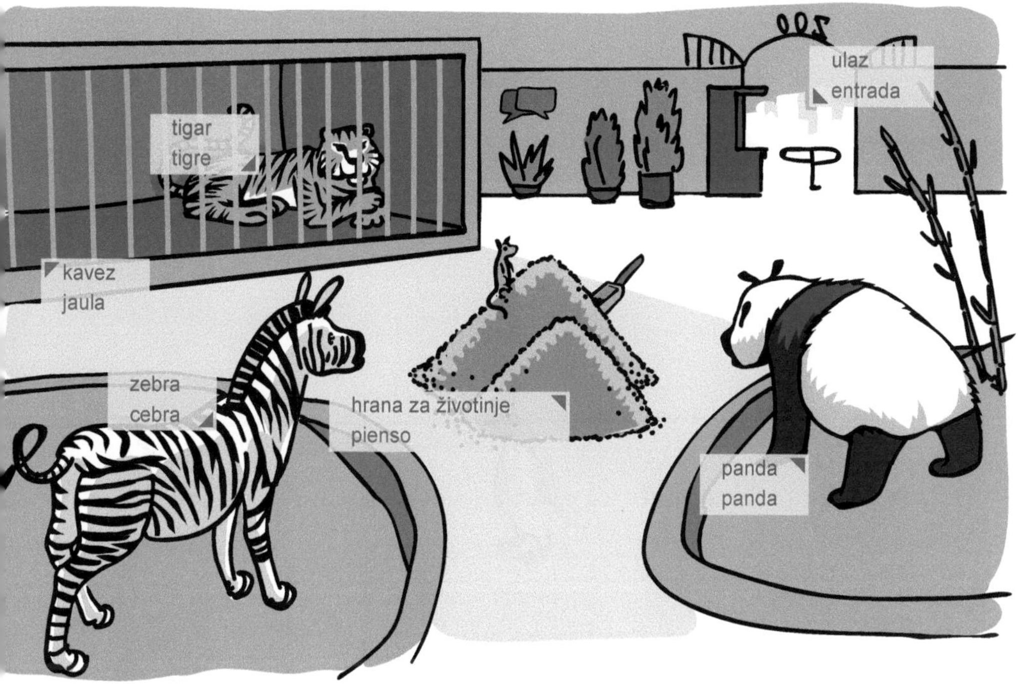
ulaz
entrada
tigar
tigre
kavez
jaula
zebra
cebra
hrana za životinje
pienso
panda
panda

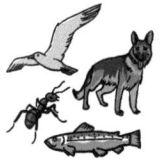

životinje

animales

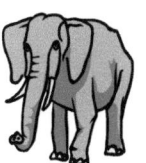

slon

elefante

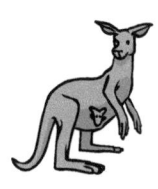

kengur

canguro

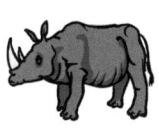

nosorog

rinoceronte

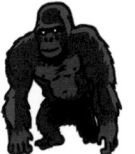

gorila

gorila

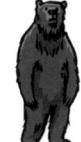

medved

oso

kamila

camello

noj

avestruz

lav

león

majmun

mono

flamingo

flamingo

papagaj

loro

polarni medved

oso polar

pingvin

pingüino

ajkula

tiburón

paun

pavo real

zmija

serpiente

krokodil

cocodrilo

čuvar u zoološkom vrtu

guardián de zoológico

tuljan

foca

jaguar

jaguar

poni
poni

leopard
leopardo

nilski konj
hipopótamo

žirafa
jirafa

orao
águila

divlja svinja
jabalí

riba
pescado

kornjača
tortuga

morž
morsa

lisica
zorro

gazela
gacela

američki nogomet
fútbol americano

biciklizam
ciclismo

tenis
tenis

košarka
baloncesto

plivanje
natación

boks
boxeo

hokej na ledu
hockey sobre hielo

fudbal
fútbol

badminton
bádminton

atletika
atletismo

rukomet
balonmano

skijanje
esquí

polo
polo

skočiti
saltar

zagrliti
abrazar

smejati se
reír

ići
caminar

pevati
cantar

sanjati
soñar

moliti se
rezar

poljubiti
besar

pisati	crtati	pokazati
escribir	dibujar	mostrar

gurati	dati	uzeti
empujar	dar	tomar

imati

tener

činiti

hacer

biti

ser

stojati

estar de pie

trčati

correr

povlačiti

tirar

baciti

tirar

padati

caer

ležati

yacer

čekati

esperar

nositi

llevar

sediti

estar sentado

oblačiti

vestirse

spavati

dormir

probuditi se

despertar

gledati
mirar

plakati
llorar

milovati
acariciar

češljati
peinar

govoriti
hablar

razumeti
entender

pitati
preguntar

slušati
escuchar

piti
beber

jesti
comer

pospremiti
ordenar

voleti
amar

kuhati
cocinar

voziti
conducir

leteti
volar

ploviti

navegar

računati

calcular

čitati

leer

učiti

aprender

raditi

trabajar

venčati se

casarse

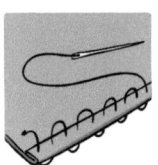

šiti

coser

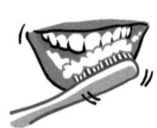

prati zube

cepillarse los dientes

ubiti

matar

pušiti

fumar

poslati

enviar

aktivnosti - actividades

baka
abuela

beba
bebé

deda
abuelo

otac
padre

majka
madre

kćerka
hija

sin
hijo

gost

invitado

tetka

tía

ujak, stric

tío

brat

hermano

sestra

hermana

telo

cuerpo

čelo
frente
oko
ojo
rame
hombro
prst
dedo
lice
cara
brada
barbilla
ruka
mano
noga
pierna
grudi
pecho
ruka
brazo

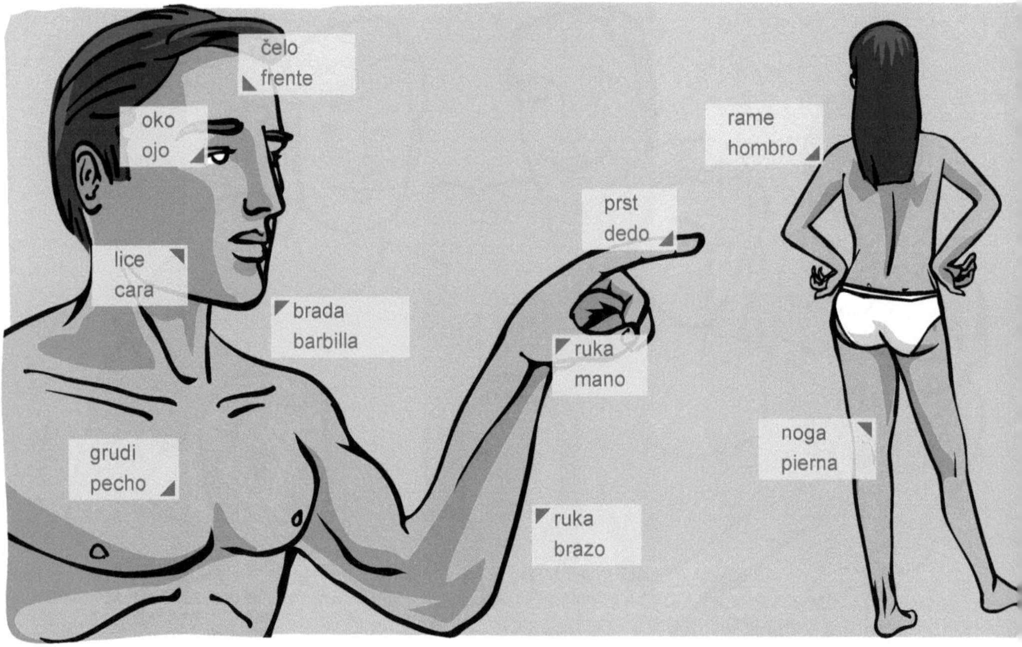

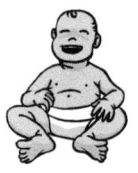

beba

bebé

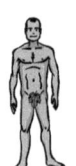

muškarac

hombre

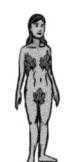

žena

mujer

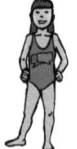

devojčica

chica

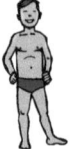

dečak

chico

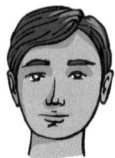

glava

cabeza

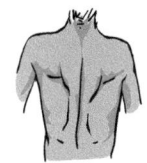

leđa
espalda

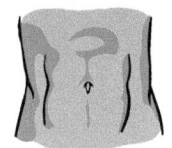

stomak
vientre

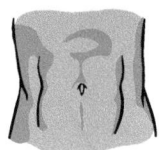

pupak
ombligo

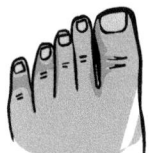

nožni prst
dedo del pie

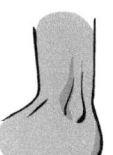

peta
talón

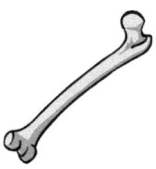

kost
hueso

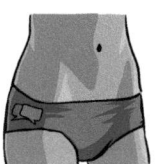

kukovi
cadera

koleno
rodilla

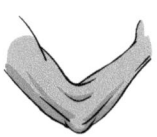

lakat
codo

nos
nariz

zadnjica
trasero

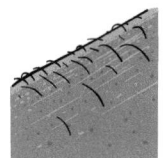

koža
piel

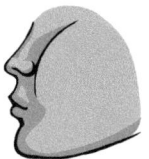

obraz
mejilla

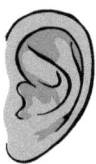

uvo
oído

usna
labio

telo - cuerpo

usta
boca

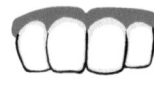

zub
diente

jezik
lengua

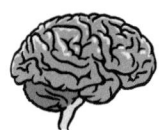

mozak
cerebro

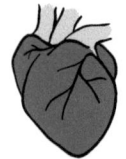

srce
corazón

mišić
músculo

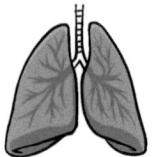

pluća
pulmón

jetra
hígado

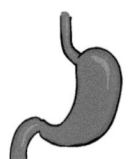

želudac
estómago

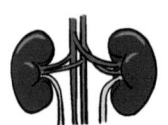

bubrezi
riñones

polni odnos
sexo

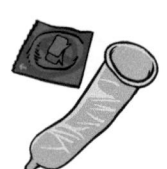

kondom
condón

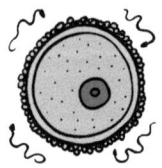

jajna ćelija
ovario

sperma
semen

trudnoća
embarazo

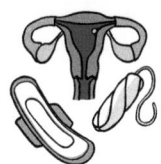

menstruacija
menstruación

vagina
vagina

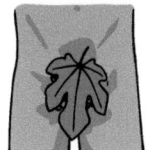

penis
pene

obrva
ceja

kosa
pelo

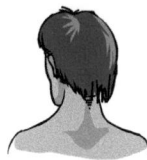

vrat
cuello

bolnica
hospital

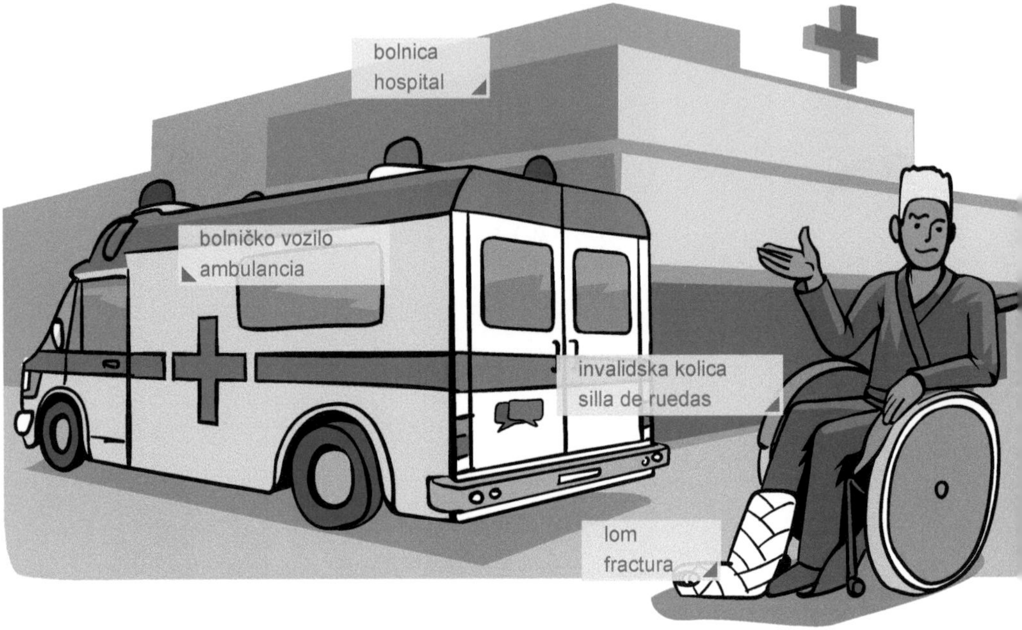

bolnica
hospital
bolničko vozilo
ambulancia
invalidska kolica
silla de ruedas
lom
fractura

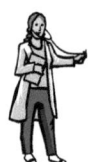

lekar

médico

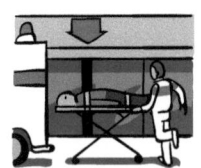

hitna medicinska služba

sala de urgencias

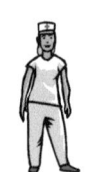

medicinska sestra

enfermera

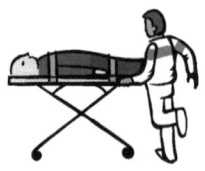

hitni slučaj

urgencia

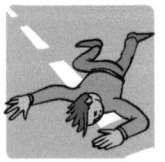

nesvest

inconsciente

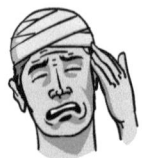

bol

dolor

povreda

lesión

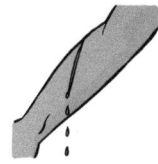

krvarenje

hemorragia

srčani udar

infarto

udar

ictus

alergija

alergia

kašalj

tos

groznica

fiebre

gripa

gripe

proliv

diarrea

glavobolja

dolor de cabeza

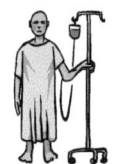

rak

cáncer

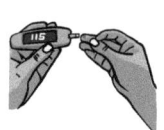

dijabetes

diabetes

hirurg

cirujano

skalpel

bisturí

operacija

operación

ct
TAC

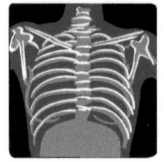

rentgen
rayos x

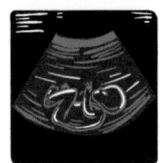

ultrazvuk
ultrasonido

maska
mascarilla

bolest
enfermedad

čekaona
sala de espera

štaka
muleta

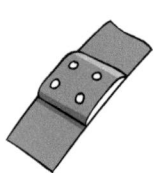

flaster
tirita

zavoj
venda

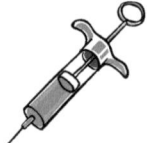

injekcija
inyección

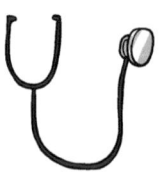

stetoskop
estetoscopio

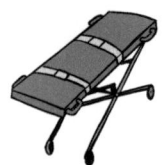

nosila
camilla

termometar
termómetro

rođenje
nacimiento

prekomerna težina
sobrepeso

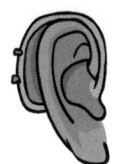

slušni aparat

audífono

sredstvo za dezinfekciju

desinfectante

infekcija

infección

virus

virus

HIV / AIDS

VIH / SIDA

medicina

medicina

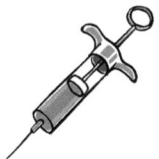

vakcinacija

vacunación

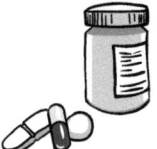

tablete

tabletas

pilula

pastilla

hitni poziv

llamada de urgencia

uređaj za merenje pritiska

tensiómetro

bolesno / zdravo

enfermo / sano

pomoć!

¡Socorro!

alarm

alarma

nasrtaj

asalto

napad

ataque

opasnost

peligro

izlaz u slučaju nužde

salida de emergencia

požar!

¡Fuego!

protivpožarni aparat

extintor de incendios

nezgoda

accidente

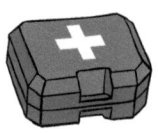

kutija prve pomoći

botiquín de primeros
auxilios

sos

SOS

policija

policía

Evropa

Europa

Severna Amerika

Norteamérica

Južna Amerika

Sudamérica

Afrika

África

Azija

Asia

Australija

Australia

Atlantik

Atlántico

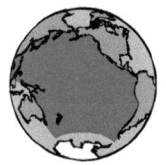

Pacifik

Pacífico

Indijski okean

Océano Índico

Antarktički okean

Océano Antártico

Arktički ocean

Océano Ártico

Severni pol

polo norte

Južni pol
polo sur

Antarktik
Antártida

zemlja
tierra

zemlja
tierra

more
mar

otok
isla

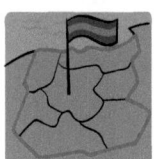

nacija
nación

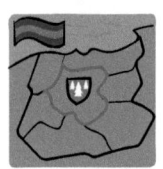

država
estado

brojčanik sata

esfera

satna kazaljka

manecilla de las horas

minutna kazaljka

minutero

sekundna kazaljka

segundero

Koliko je sati?

¿Qué hora es?

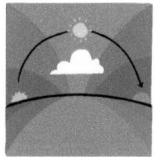

dan

día

vreme

tiempo

sada

ahora

digitalni sat

reloj digital

minuta

minuto

čas

hora

sedmica
semana

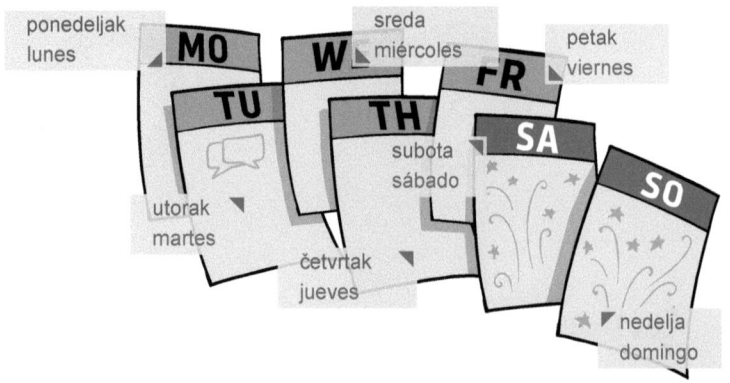

ponedeljak
lunes

sreda
miércoles

petak
viernes

utorak
martes

subota
sábado

četvrtak
jueves

nedelja
domingo

juče
ayer

danas
hoy

sutra
mañana

jutro
mañana

podne
mediodía

veče
tarde

MO	TU	WE	TH	FR	SA	SU
1	2	3	4	5	6	7
8	9	10	11	12	13	14
15	16	17	18	19	20	21
22	23	24	25	26	27	28
29	30	31	1	2	3	4

radni dani
días laborables

MO	TU	WE	TH	FR	SA	SU
1	2	3	4	5	6	7
8	9	10	11	12	13	14
15	16	17	18	19	20	21
22	23	24	25	26	27	28
29	30	31	1	2	3	4

vikend
fin de semana

godina

año

kiša
lluvia
duga
arcoíris
sneg
nieve
vetar
viento
proleće
primavera
jesen
otoño
leto
verano
zima
invierno

4.APRIL 11°
5.APRIL 4°
6.APRIL 13°
7.APRIL 8°
8.APRIL 10°

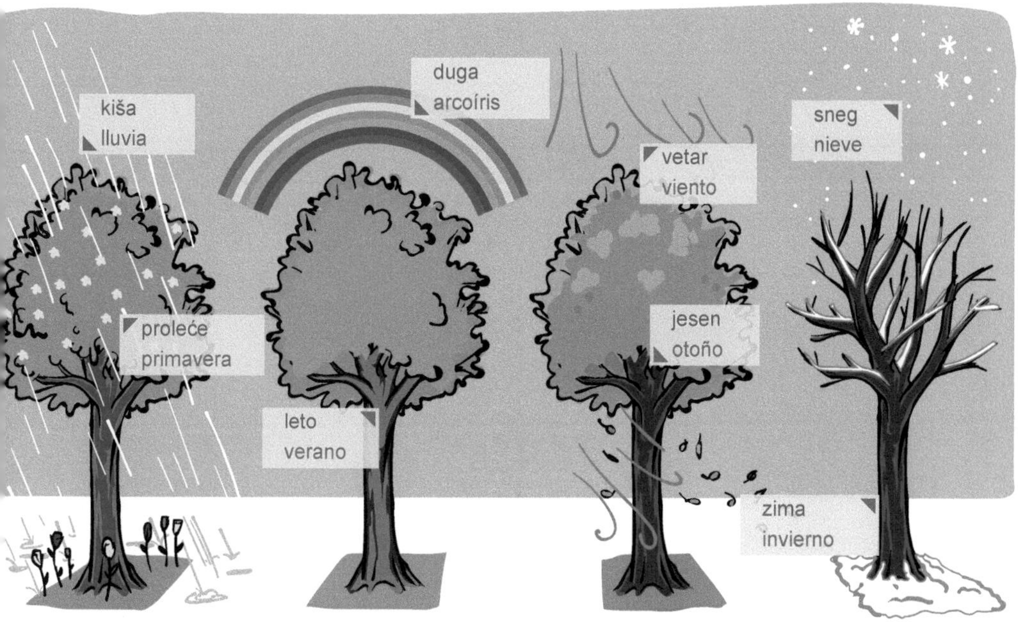

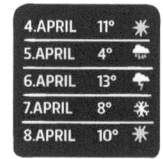

meteorološka prognoza

pronóstico del tiempo

F
C
120
90
60
30
0
-30
40
30
20
10
0
-10
-20

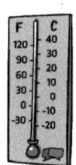

termometar

termómetro

sunčana svetlost

sol

oblak

nube

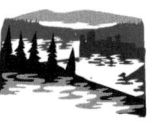

magla

niebla

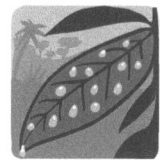

vlažnost vazduha

humedad

munja

rayo

grmljavina

trueno

oluja

tormenta

tuča

granizo

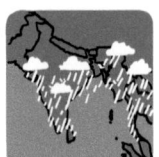

monsun

monzón

poplava

inundación

led

hielo

januar

enero

februar

febrero

mart

marzo

april

abril

maj

mayo

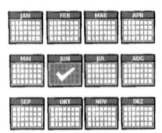

juni

junio

juli

julio

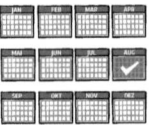

avgust

agosto

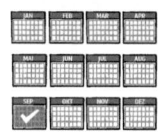

septembar
....
septiembre

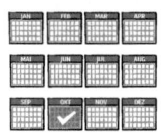

oktobar
....
octubre

novembar
....
noviembre

decembar
....
diciembre

krug
....
círculo

kvadrat
....
cuadrado

pravougao
....
rectángulo

trougao
....
triángulo

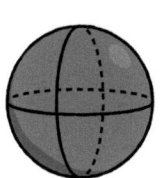

kugla
....
esfera

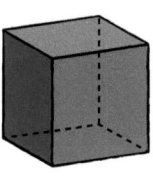

kocka
....
cubo

bela
....
blanco

žuta
....
amarillo

narandžasta
....
anaranjado

ružičasta
....
rosa

crvena
....
rojo

ljubičasta
....
morado

plava
....
azul

zelena
....
verde

smeđa
....
marrón

siva
....
gris

crna
....
negro

mnogo / malo

mucho / poco

ljutito / mirno

enojado / tranquilo

lepo / ružno

bonito / feo

početak / kraj

principio / fin

veliko / maleno

grande / pequeño

svetlo / tamno

claro / oscuro

brat / sestra

hermano / hermana

čisto / prljavo

limpio / sucio

potpuno / nepotpuno

completo / incompleto

dan / noć

día / noche

mrtvo / živo

muerto / vivo

široko / usko

ancho / estrecho

jestivo / nejestivo

comestible / no comestible

zlo / dobro

malo / amable

uzbuđeno / dosadno

entusiasmado / aburrido

debelo / mršavo

gordo / delgado

na početku / na kraju

primero / último

prijatelj / neprijatelj

amigo / enemigo

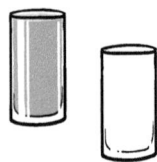

puno / prazno

lleno / vacío

tvrdo / mekano

duro / blando

teško / lagano

pesado / ligero

glad / žeđ

hambre / sed

bolesno / zdravo

enfermo / sano

ilegalno / legalno

ilegal / legal

pametno / glupo

inteligente / tonto

levo / desno

izquierda / derecha

blizu / daleko

cerca / lejos

suprotnosti - opuestos

novo / polovno
nuevo / usado

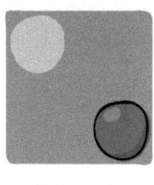

ništa / nešto
nada / algo

staro / mlado
viejo / joven

uključeno / isključeno
encendido / apagado

otvoreno / zatvoreno
abierto / cerrado

tiho / glasno
silencioso / ruidoso

bogato / siromašno
rico / pobre

tačno / pogrešno
correcto / incorrecto

hrapavo / glatko
áspero / suave

tužno / sretno
triste / contento

kratko / dugo
corto / largo

polako / brzo
lento / rápido

mokro / suho
húmedo / seco

toplo / hladno
cálido / frío

rat / mir
guerra / paz

0	**1**	**2**
nula	jedan	dva
cero	uno	dos

3	**4**	**5**
tri	četiri	pet
tres	cuatro	cinco

6	**7**	**8**
šest	sedam	osam
seis	siete	ocho

9	**10**	**11**
devet	deset	jedanaest
nueve	diez	once

12
dvanaest
doce

13
trinaest
trece

14
četrnaest
catorce

15
petnaest
quince

16
šestnaest
dieciséis

17
sedamnaest
diecisiete

18
osamnaest
dieciocho

19
devetnaest
diecinueve

20
dvadeset
veinte

100
stotinu
cien

1.000
hiljadu
mil

1.000.000
milion
millón

engleski

inglés

americki engleski

inglés americano

mandarinski kineski

chino mandarín

hindski

hindi

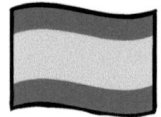

španski

español

francuski

francés

arapski

árabe

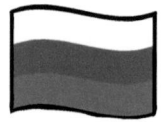

ruski

ruso

portugalski

portugués

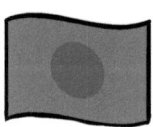

bengalski

bengalí

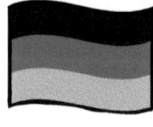

nemacki

alemán

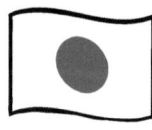

japanski

japonés

ja
....
yo

ti
....
tú

on / ona / ono
....
él / ella / ello

mi
....
nosotros/as

vi
....
vosotros/as

oni
....
ellos/as

Ko?
....
¿quién?

Šta?
....
¿qué?

Kako?
....
¿cómo?

Gde?
....
¿dónde?

Kada?
....
¿cuándo?

ime
....
nombre

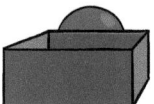

iza

detrás

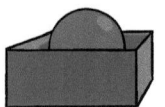

u

en

ispred

delante de

preko

por encima de

na

sobre

ispod

debajo de

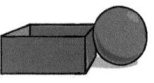

pored

junto a

između

entre

mesto

lugar